AF250849

DISCOURS APOLOGÉTIQUE

DE LA
RELIGION CHRÉTIENNE,

AU SUJET DE PLUSIEURS ASSERTIONS

DU CONTRAT SOCIAL,

ET CONTRE LES PARADOXES DES FAUX
POLITIQUES DU SIECLE;

*Par M. l'Abbé D'ARNAVON,
Bachelier de Sorbonne, en Licence.*

Ipsi ceciderunt.... nos autem surreximus & erecti sumus. Ps. 19, ♯. 9.

A PARIS,

Chez LOUIS JORRY, Fils, Imprimeur-Libraire, rue de la Huchette, près du petit Châtelet.

M. DCC. LXXIII.

Avec Approbation & Permission,

AVERTISSEMENT.

C'est avec le plus grand succès que des plumes savantes se font exercées dans ce siecle à établir la divinité du Christianisme : on peut même dire avec vérité que les preuves en ont été portées jusqu'à la démonstration.

Mais que cette Religion ait Dieu ou l'homme pour auteur ; qu'elle soit véritable ou fausse, ce n'est plus précisément de quoi il s'agit entre nos Antagonistes & nous : depuis que, forcés d'abandonner le Dogme, ils s'en prennent à la Morale, se jettent dans la politique, & dirigent de ce côté tous les efforts de leur génie.

Ainsi, la loi chrétienne s'accorde-t-elle bien ou mal avec la politique ? se lie-t-elle avec les intérêts civils, ou y répugne-t-elle ? renforce-t-elle ou affoiblit-elle la constitution des Empires ? en un mot, est-elle utile ou nuisible ? Voilà positivement l'état de la question, le nouveau champ de bataille dans lequel s'escriment nos Philosophes, & le dernier retranchement où il s'agit de les forcer.

C'est ce que nous avons entrepris, toutefois consultant bien moins la foiblesse de nos talents que ce zele puisé dans les exemples de ces généreux athletes de la Religion, accoutumés à la victoire, & dans le sein de cette favante & pieuse Compagnie qui daignera nous adopter, & que, depuis nos plus jeunes ans, nous avons toujours révérée comme l'Aréopage de l'Église & le Concile perpétuel des Gaules.

D'abord nous conçûmes le plan d'un Ouvrage destiné à réfuter analytiquement les assertions dangereuses du *Contrat social* & tous les principes antipolitiques dont fourmillent presque tous les écrits des Philosophes modernes; nous préparâmes les matériaux nécessaires, & nous commençâmes le travail. Depuis, ayant fait réflexion que cet Ouvrage seroit de longue haleine & exigeroit un temps considérable; d'un autre côté, alarmés des impressions funestes que faisoient les maximes de la fausse politique sur toute la classe des esprits frivoles, & craignant les progrès de la contagion; en attendant cet Ouvrage didactique, nous avons cru devoir prémunir les Fideles contre la séduction, leur épargner des inquiétudes & ranimer leur foi, en leur mettant entre les mains la réfutation des paradoxes qui nous ont le plus frappé; réfutation qu'après avoir faite dans la Chaire de vérité, nous avons comme incorporée dans ce Discours.

Ce n'est point ici un effort pénible de l'esprit, un tissu d'arguments, une froide dissertation;

c'eſt le cœur qui doit parler, & le cœur ne *ſophiſtique* point : il prouve par le ſentiment & perſuade par la force de la vérité ; il briſe les chaînes de l'argument, ſe dégage des entraves du ſyllogiſme, & dédaigne d'aſſujettir ſa marche à la ſymmétrie d'un plan & au compas du Géometre.

Maintenant que la critique ſe déchaîne contre nous ; que certains détracteurs intéreſſés nous traitent de *déclamateurs*, nous n'en ferons point ſurpris. Nous ſavons ce que ſignifie dans leur bouche ce titre de dédain : & depuis qu'en haine de la Religion, le Patriarche de la Philoſophie qualifia le ſavant Évêque de Meaux, de *décla-*

mateur , & qu'il traita son admirable *Discours sur l'Histoire*,
qui n'a point eu de modele &
n'aura point d'imitateur , d'*élo-
quente déclamation*; nous protes-
tons que tous les traits de leur
injuste critique n'ont pour nous
rien d'offensant : & d'ailleurs notre
récompense étant indépendante
de l'opinion ainsi que de la volonté
des hommes , nous sommes assurés
de la trouver toujours au fond de
notre cœur.

DISCOURS

DISCOURS

APOLOGÉTIQUE.

LA Philosophie, autrefois souple &
timide, se bornoit à lancer contre la
Religion quelques traits dans les ténè-
bres, & à tourner en dérision ses lithur-
gies sacrées, la majesté de son culte
& la sainteté du Sacerdoce.

Mais de nos jours, enhardie par
des succès qu'elle ne doit peut-être qu'à
notre indulgence, elle l'attaque à force
ouverte, la poursuit jusques dans son
sanctuaire, & lui dispute tout à la
fois son origine céleste, la sagesse de
sa législation & la gloire de former
les cœurs à la vertu.

Des hommes nouveaux, orgueilleux

A

contempteurs de la foi de nos peres, se sont élevés, & ont dit : « La Reli-
» gion de Jesus-Christ est défectueuse
» dans sa législation ; c'est la Religion
» du Prêtre, qui, séparant le systême
» théologique du systême politique ,
» fait que l'état n'est pas un ; exclusive
» & tyrannique , également opposée
» aux intérêts de César & aux intérêts
» des Peuples, nuisible à la forte consti-
» tution des États & destructive de la
» société ».

Apprenez , ô insensés Politiques ! non seulement que la Religion ne mé-rite pas ces qualifications odieuses & ces imputations graves , mais con-noissez encore les biens infinis qu'elle fait aux hommes & à la société uni-verselle.

C'est elle , en effet , qui , pres-crivant des devoirs à chaque individu, & plaçant chaque terme dans son vrai rapport , ramene tout à l'ordre ;

qui, diftinguant ce qui ne fauroit être confondu, & fixant les limites entre le Sacerdoce & l'Empire, concilie parfaitement les deux fyftêmes ; qui, alliant par une infertion artificielle la fociété religieufe à la fociété civile, donne à ces parties incomplettes la liaifon & l'unité morale ; qui, portant fon regard fur tous les points de la machine fociale, & fans ceffe appliquée à remonter, pour ainfi dire, fes contre-poids, en refferre les refforts, l'affermit contre les fréquentes fecouffes & les ébranlements occafionnés par le froiffement des intérêts & par le choc des paffions, lui donne une conftitution folide & des fondements invariables.

La fociété générale ou une fociété particuliere fera fortement conftituée, s'il y regne cette triple union : 1°. l'union des membres entr'eux, 2°. l'union des membres avec leur chef, 3°. l'union

du chef avec les membres. Or, la Religion seule l'opere cette triple union,
la perfectionne & la consomme.

Établissons nos preuves, nous démas-
querons ensuite les sophismes, & réfute-
rons les paradoxes des faux Politiques.

D'ABORD l'intérêt & les passions rap-
procherent les hommes & les réunirent
en société : mais l'intérêt & les passions, quoiqu'en dise le trop fameux
Auteur du Livre de l'*Esprit*, ne sont
que de faux principes d'intelligence
& d'union : capables de former des
nœuds factices & momentanés, ils ne
sauroient maintenir l'harmonie & empêcher la dissolution du corps politique,
qui, avec des dehors peut-être impo-
sants, manquant de liaison & de chaleur vivifiante, ne ressemblera plus
qu'à ces énormes masses qui frappent
& arrêtent les regards du Voyageur
Européan, mais qui, dans l'intérieur,

ne renferment que des offements & des cadavres.

Le regne des paffions fut celui de l'anarchie ; la loi, encore informe & fans vigueur, étoit infuffifante pour réprimer l'ardeur infatiable d'acquérir ; la cupidité fut le premier mobile ; l'intérêt particulier, dégénéré en intérêt perfonnel, éteignit tout fentiment de vertu : nul frein à la licence ; & du bloc des paffions, fortoient des étincelles capables de tout embrafer.

Bientôt la force fit le droit ; les propriétés ne furent plus facrées ; le fer deftiné à remuer la terre, termina les différends, & ce fatal inftrument de la cupidité & de la haine fut fouillé du fang des humains : les petites fociétés fe dévorerent, & la grande fociété, gouvernée par des maximes incohérentes entr'elles, agitée par les plus violents tourbillons, & devenue l'image du cahos où tout fe brife, fe heurte & s'entre-détruit, se trouva sur le penchant de sa ruine.

Dans ce moment critique, dans cette crise violente, la Religion, cette Fille du Ciel, descend sur la Terre; elle réprime les passions & les tourne vers le bien général ; elle enflamme les desirs pour les biens moraux qui sont immenses, au mépris des biens physiques si limités ; elle substitue à cet esprit d'*égoïsme* qui s'approprie tout, qui se fait le centre de tout, l'esprit de désintéressement, qui partage au lieu d'exclure, qui donne au lieu d'entasser ; elle anéantit le moi humain, source de tous les maux ; & avec son grand précepte de la charité, elle fait naître l'ordre du sein de la confusion, l'union du sein de la discorde, & renforce la société ébranlée jusques dans ses fondements.

A peine la charité, cet esprit de vie, ce lien de l'univers, cette vertu douce

& infinuante, eut-elle verfé fes influences dans les cœurs, que le goût d'une fympathie, jufqu'alors inconnue, commença à fe faire fentir, & un nouvel ordre focial fe développa. A mefure que l'on faifit les rapports qui n'avoient point encore été apperçus entre les humains, on eut de nouvelles idées de vertu, d'autres principes, avec un code nouveau. On connut le beau moral, les cœurs en furent épris : l'on s'abandonna à la conduite des loix, la génération fut fainte, & l'efpece tendit à fa perfectibilité.

Alors les liens de l'humanité fe raffermirent, le droit du plus fort fut civilifé, le grand mur de féparation tomba, les diftances de l'inégalité furent comblées, on ne diftingua plus le citoyen de l'étranger, toute indifférence ceffa, toute haine fut éteinte, les fers de l'efclavage qui aviliffent & qui dégradent l'humanité furent brifés,

& on ne connut plus d'autres chaînes que celles des bienfaits. La cupidité oublia fes odieufes maximes qui tendent à envahir, & l'avarice ouvrit fes tréfors. Le riche fe dépouilla volontairement en faveur du pauvre, en qui il découvroit non feulement fon femblable, fon frere, mais encore un membre de Jefus-Chrift; & le pauvre, fecouru & alimenté par le riche, crut appercevoir en lui & révéra une Providence vifible.

En même temps la juftice, l'amour de l'ordre, la tendreffe paternelle, la piété filiale, la fidélité dans le lien conjugal, la fincérité dans les amitiés, & toutes les vertus qui conftituent les mœurs, dériverent de la charité comme d'une fource féconde.

Ainfi, avec un feul de fes préceptes, la Religion faifoit bien plus que les Philofophes, tant du Lycée que du Portique. Une Doctrine faftueufe, qui,

qui, élevant l'homme au-dessus de la condition mortelle, sembloit mettre sous ses pieds les orages & les tonnerres : une froide théorie toute renfermée dans l'enceinte des écoles, & si propre à servir d'aliment à l'orgueil, pouvoit bien tenir lieu de vertu à des Rhéteurs & à des Sophistes ; mais la loi de Christ, parole abrégée, regle efficace & persuasive, ne se termine point à une vertu de pure représentation & de parade, mais elle conclut à la pratique. Pleine de force & d'efficace, elle agit dans l'homme, elle échauffe son ame, elle change son cœur, & lui fait chérir dans un ennemi un frere : elle fond toutes les affections dans le sentiment de l'amour ; & réunit tous les intérêts dans un centre commun, dont toutes les parties se lient, s'imposent & se tiennent en équilibre.

A cette union, dans la primitive

B

Eglise, l'on discernoit les Chrétiens des Infideles. Voyez, disoit-on, comme ils s'aiment! ils n'ont tous qu'un cœur & qu'une ame! on les voit toujours prêts à se servir, à se secourir! ils se sacrifient volontiers les uns pour les autres! En édifiant la gentilité, ce spectacle tournoit toujours à la gloire de la Religion, que l'on bénissoit comme la Bienfaictrice du genre humain; comme une Reine de réconciliation & de paix.

Il faut donc être étrangement aveuglé ou par des préjugés de Secte, ou par la haine de cette Religion, pour la taxer d'intolérance & lui faire un crime de son axiôme, *hors de l'Eglise point de salut.* Il est important que nous démêlions ici le vrai d'avec le faux.

Taxer la Religion d'intolérance, parce qu'elle ne sauroit s'allier avec ces Religions qui sont le fruit de l'intérêt, de la politique & de l'imposture;

nous n'avons garde d'en disconvenir : c'est l'incompatibilité de la véritable Religion avec les fausses ; ainsi hors de cette Religion point de salut.

Taxer la Religion d'intolérance, parce qu'elle abhorre le culte samaritain, qu'elle dit anathême à la nouveauté, qu'elle abat tout Autel qui ne rougit point du sang de l'Agneau ; & que, comme il n'y a qu'un Dieu & qu'un Christ, aussi n'admet-elle qu'un culte, qu'une forme, qu'un symbole. Nous n'avons garde de le dissimuler ; c'est l'incompatibilité de la vérité dont l'Eglise est la colonne & la dépositaire, avec l'erreur & le mensonge ; ainsi hors de cette Eglise encore point de salut.

Taxer la Religion d'intolérance, parce qu'elle réprime les passions & les vices, & qu'elle les exclut de son sein ! Nous le prêcherons, s'il le faut, jusques sur les toîts ; & c'est l'incompatibilité du bien avec le mal que l'Église, toujours vierge, ne peut ni commettre, ni autorifer, ni fouffrir: Encore hors de cette Église point de falut.

Taxer la Religion d'intolérance, en ce fens, qu'elle violente les confciences, qu'elle prêche un Dieu le poignard à la main, qu'elle rompt l'unité fociale, qu'elle arme les hommes contre les hommes, qu'elle fe plaît dans le défordre, dans le fang & le carnage : c'eft la défigurer... c'eft la calomnier...

Non, elle ne prêche pas un Dieu le poignard à la main, cette Religion, qui ne confie à fes Miniftres d'autre glaive que celui de la parole ; elle n'eft point cruelle cette Religion, qui ne refpire que douceur, qu'humanité, que juftice & que paix ; elle ne fe plaît pas dans le fang & le carnage, cette Religion, qui, en érigeant en vertu l'amour des hommes, & en plaçant cet instinct qu'elle consacre, à la tête de son code immortel, en fait le fondement de toute sa législation ; elle ne rompt pas l'unité sociale, cette Religion, qui donne les motifs les plus engageants d'une liaison aussi sainte qu'étroite, & qui, unissant les membres de la société par tout ce qui les unit à Jesus-Christ leur divin chef, les anime tous du même esprit, les soutient tous de la même espérance, & les enfante dans le même sein. Et pourquoi, nous dit-elle, vous haïriez-vous ? N'êtes-vous pas tous freres ? ne suis-je pas votre mere ? n'avez-vous pas Dieu pour pere ? n'appartenez-vous pas tous à cette Jérusalem qui s'éleve de la terre jusqu'aux Cieux ? Pardonner vos erreurs, supporter vos défauts réciproques & vous aimer tendrement les uns les autres, voilà votre devoir & le vœu le plus ardent de votre mere : *Filioli, diligite vos invicem.*

C'eſt ſur-tout dans les calamités publiques que cette mere manifeſte ſa tendreſſe, que la charité exerce la force de ſon empire & qu'elle déploie toute ſon énergie. Nous en fûmes témoins dans cette nuit déſaſtreuſe où la flamme dévorante réduiſit en cendre une partie ſi conſidérable de cet antique & vaſte monument que la piété de nos peres crut devoir élever au milieu de cette Capitale, en faveur de la pauvreté ſouffrante.

Nous l'avons vu ce Pontife vénérable, qui, par la force de ſon ame, par ſes mœurs & par ſa haute vertu, en impoſe même à la Philoſophie, ſe ſignaler par un zele tout à la fois compatiſſant, libéral & actif.

Nous avons vu des Magiſtrats, amis de l'ordre & des hommes, pourvoir à tout dans l'incendie & ſe préſenter où le péril étoit le plus preſſant.

Nous avons vu des Seigneurs du

plus haut rang, ces hommes issus de
tant de héros dont la valeur & le sang
fonderent cette Monarchie, ou l'affer-
mirent; ces hommes, nos supérieurs
dans l'ordre social, nos protecteurs &
souvent nos bienfaicteurs si dignes de
tout notre respect & de notre amour,
mais que la Philosophie, accoutumée
à ne rien respecter & qui ne croit pas
à la vertu, ne manque jamais de dé-
nigrer aux yeux des peuples, & de
peindre sous les traits les plus odieux,
jusqu'à leur refuser un cœur; élevés
par des motifs de Religion au-dessus
de l'humanité même, nous les avons
vus déposer le faste de leur grandeur,
se confondre dans la foule, arroser
de leurs larmes les ruines encore fu-
mantes & s'attendrir sur la désolation
d'Israël.

Le sexe avoit oublié sa foiblesse &
sa timidité; ce fut une sainte émulation
entre les Religieux & les Militaires,

à qui affronteroit les périls avec plus de courage, arracheroit le plus de victimes à la mort, & donneroit les plus grands exemples. Mais que d'actions immortelles furent ensevelies dans les ténebres de cette nuit, qui ne brilleront jamais qu'aux yeux de Dieu !

Reposez dans le sein de la gloire, ames magnanimes ! martyrs de la charité ! qui avez succombé en voulant sauver vos freres ! soyez à jamais bénits, Citoyens généreux, & vous dont le courage & les pieux efforts arrêterent le progrès des flammes & déroberent les pauvres malades à une mort certaine !

Et vous, qui, par vos prompts secours, avez soulagé ces infortunés souffrants, dans ce vaste Temple qui leur servit d'asyle, exposés à toute la rigueur du froid !

Et vous, enfin, qui, par des largesses abondantes, en nous rassurant contre

contre un avenir défolant, avez adouci le fentiment profond de la douleur publique !

Maintenant je demande fi, parmi tant de vertueux Citoyens & de ces héros de la charité, on remarqua beaucoup de ces hommes qui écrivent de la vertu, qui tracent les devoirs de Citoyens, qui prétendent même nous endoctriner, nous qui avons reçu notre miffion de Dieu même pour les enfeigner, eux & le monde entier * ? Qu'ils nous difent donc, ces hommes fi fort enorgueillis de la faftueufe dénomination de *Philofophes*, fi c'eft la Philofophie ou la Religion qui vient d'étaler dans cette Capitale ce grand & touchant fpectacle ! Mais les connoiffent-ils feulement ces liens qui lient l'homme à l'homme, le citoyen au citoyen ? ont-ils jamais fenti la force de ces nœuds facrés que forme la charité chrétienne ?

* *Ite,* docete omnes gentes. S. Math.

En lui substituant la bienfaisance, qu'avez-vous fait ? ô prétendus Philosophes ! Vous avez ôté à la bienfaisance même le seul motif qui pût la rendre féconde, invariable, sans bornes, & capable des plus sublimes efforts. Avec ce phantôme de vertu sociale, prétendez-vous former des Citoyens ? Nous vous annonçons que vous ne ferez jamais que des enthousiastes, qui, comme leurs maîtres, disserteront ; mais est-ce en débitant des axiômes & des sentences, ou bien en agissant vigoureusement & par les plus généreux sacrifices, que l'on sert la Patrie & l'humanité ?

Outre l'esprit de fraternité, la Religion inspire encore l'esprit de subordination ; c'est-à dire que non seulement elle unit les membres de la société entre eux, mais qu'elle les unit à leur chef, en sanctifiant l'obéissance, & en donnant une sanction divine au pouvoir législatif.

La Religion remonte jusqu'aux premiers âges du monde, & nous conduit, comme par la main, à la source des choses, pour nous faire voir dans Adam & dans Noé les premiers monarques du monde.

Ensuite elle nous présente une nombreuse famille, qui, dans son chef, reconnoît son guide, son légiflateur & son maître. C'est un pere au milieu de ses enfants, qui leur distribue le travail, qui regle leurs différends, qui exerce sur eux une autorité non contestée & incontestable, puisqu'elle est indépendante de tout pacte & de tout contrat ; autorité dont il ne pouvoit être dépouillé non seulement sans injustice, mais même sans facrilege, puisqu'il la tenoit immédiatement du Très-Haut.

Telle est l'origine de toute Puiffance établie sur la terre ; elle émane directement de Dieu : c'est lui qui fait régner les Rois, *per me Reges regnant,*

qui les place fur le trône & qui leur
met entre les mains le glaive formi-
dable que les Princes ne doivent jamais
porter en vain ; c'eft lui qui, en rati-
fiant le pacte focial , *condition néces-*
faire , mais non caufe efficiente & tranf-
lative de la fouveraineté , lui donne
la fanction & l'indiffolubilité ; enfin,
c'eft lui qui leur communique le droit
de vie & de mort, droit facré que les
contractants qui ne pouvoient l'avoir,
n'ont pu donner, & que les chefs des
nations ne tiennent que de l'Etre fuprême.

De ces notions lumineufes , il fuit
que le Chef de la fociété n'eft pas
tant l'homme du peuple que l'homme
de Dieu ; qu'il n'eft pas tant un em-
blême, un fymbole & le repréfentant
de la Divinité , que fon Miniftre actif
& vivant ; que donner atteinte au
contrat ratifié dans le Ciel , c'eft un
crime ; que fe révolter contre le Chef

élu, c'est résister à Dieu, auquel seul il est comptable.

Telles sont les idées que nous donnent les Livres saints, de la Royauté & de la souveraine puissance. Nous rejettons toute doctrine qui ne seroit pas fondée sur les maximes du grand Apôtre ; & nous disons anathême à tout système qui ne seroit pas le système de Dieu même.)

D'où vient que les premiers Chrétiens se signalerent toujours par une fidélité à toute épreuve envers les Empereurs payens ? persécutés avec fureur dans les armées, & dans tout l'Empire, ils donnoient l'exemple de la soumission, se courboient sous le sceptre de fer, baisoient la main qui les frappoit, & tendoient la gorge au glaive homicide ; c'est que la Loi sainte étoit toujours présente à leur esprit : éclairés par les lumieres de la foi, ils découvroient dans leurs persécuteurs les instruments de la vengeance de Dieu, ou de sa miséricorde, & ils ne manquoient pas de distinguer le Prince temporel du Roi éternel ; toujours prêts à tout souffrir du Prince temporel, dans la vue d'obéir & de plaire au Roi éternel. Dans les siecles postérieurs, peut-être a-t-on vu des exemples contraires ; mais loin de les autoriser, la Religion en deteste la mémoire, tant ils sont opposés à son esprit, qui est un esprit de paix, & à ses préceptes, qui prescrivent l'amour du devoir & la fidélité aux Puissances.

Le zele du fanatisme a pu mettre le crime en systême, faire découler le forfait du sein de la clémence, & graver sur le poignard le nom du Dieu de paix : il a pu justifier des atrocités par le sophisme, & le sophisme par le glaive ; mais la Religion n'a jamais su autoriser des excès, en substituant les préjugés aux remords: elle qui frappe du même anathême, & l'ambitieux hypocrite qui met le masque en approchant du trône, & qui n'attend qu'un moment favorable pour usurper le sceptre dans sa foiblesse ; & le furieux, qui dans le délire de la superstition, armé d'un fer parricide, court embrasser l'autel qui le repousse ; & le membre rebelle qui résiste à son Chef, abusât-t-il de son pouvoir, & fût-il un Chef discole : *etiam discolis.*

Mais, si le Gouvernement devenoit insupportable, si le Chef, ennemi de ses membres, tournoit contre la Nation la pointe du glaive destinée à la défendre, enfin si les excès d'un pouvoir absolu & tyrannique étoient à leur comble, alors que faudroit-il faire ? Souffrir & obéir. En effet, que gagneroit-on à se révolter ? l'audace couronnée à quoi aboutira-t-elle ? qu'à donner au Tyran un

fuccefleur, qui, peut-être frappé de
la cataftrophe, craignant pour lui un
fort auffi tragique, & en proie à une
cruelle défiance, commencera par
écarter tout ce qui lui fera ombrage;
abattra autour du trône toutes les
têtes qui lui feront fufpectes, & fe
croira fondé à établir fa politique fur
le malheur & la mifere des peuples
qu'il écrafera, afin qu'ils ne foient
point tentés de jamais être rebelles.
Mais que fera-ce, fi ceux qui auront
été les plus audacieux font auffi les
plus foibles, & fi on eft obligé de
retourner au joug qu'on avoit fecoué?
Vous n'étiez battus auparavant qu'avec
des verges, vous le ferez déformais
avec des fcorpions; les prifons, les
exils fe multiplieront à l'infini, la pri-
vation des propriétés, les tortures, le
fer & le feu deviendront les inftruments
de la vengeance d'un Tyran échappé
au fer affaffin, & le fang coulera à
grands

grands flots depuis la premiere marche du trône, jusqu'aux dernieres limites de l'Empire.

Obéissez donc à vos Chefs, ô peuples ! puisque de la soumission dépend votre tranquillité & votre bonheur. Mais obéissez, parce que Dieu vous l'ordonne, *etiam discolis.* En gravant fortement dans les esprits & dans les cœurs, ce grand principe de soumission & de dépendance, la Religion, qui déjà a tant fait pour les Chefs de la société, en donnant à leur pouvoir une origine céleste, & une sanction divine, met leur autorité à l'abri des caprices des peuples, des révolutions & des vicissitudes : c'est dans le lieu le plus sûr & le plus inaccessible qu'elle dresse leur trône, dans la conscience même où Dieu a le sien, *sed etiam propter conscientiam :* enfin, elle rend leur personne sacrée inviolable, & la couvre de son égide immortelle.

D

Bien plus, si ces heureuses dispositions que la Religion met dans les peuples, relativement à leur Chef, se trouvent encore aidées & fortifiées par l'instinct national, il en résultera des effets surprenants.

Delà ce profond respect du Français pour ses maîtres, & cet amour qui tient presque de l'idolâtrie : une parole sortie de la bouche du Monarque, va porter l'honneur au sein des familles, & le fait circuler avec le sang jusqu'à la derniere génération : son regard anime le courage du guerrier, échauffe son ame, met en ferment le germe de l'héroïsme, & enfante cette obéissance impétueuse qui le fait voler à la mort. Enfin, la Nation est tellement unie à son Roi, qu'elle semble identifier avec lui ses intérêts & sa gloire. O instinct admirable ! ô nœuds sacrés ! ô sainte union ! Religion chrétienne, voilà ton ouvrage !

Ce n'est pas tout : & non seulement elle unit les membres de la société entr'eux, & les membres à leur Chef, mais encore elle lie très-étroitement le Chef avec ses membres. Troisieme & derniere union, sans laquelle la société manquant de liaison, seroit hors d'état de prendre jamais aucune consistance.

Selon la politique chrétienne, régir les peuples, n'est pas les subjuguer, c'est en être pere : si la bienveillance est la premiere des vertus, elle est aussi le premier devoir des Chefs, & s'ils sont au-dessus de tous, ils sont aussi redevables à tous. Leur grand modele, c'est Jesus-Christ. Représenté sous les traits d'un Pasteur, il n'a point l'ame d'un mercenaire, mais il chérit son troupeau : la brebis égarée a des droits incontestables à sa tendresse ; & s'il est Roi, c'est par l'amour qu'il prétend régner, plutôt que par la crainte ; & il a tant aimé, qu'il eſt mort pour ſon peuple. A la vue d'un tel modele , un Chef ne veut plus dominer avec orgueil ; mais, franchiſſant les diſtances du haut rang où il eſt élevé , il vient ſe rapprocher de ſes membres, & s'unit intimement à eux par le motif de cette charité, dont l'influence féconde dans ſon ame le germe des vertus, que la bonté divine a mis dans tous les cœurs.

Il ne ſe fatiguera pas ſous une pompe vaine ; les cœurs voleront après lui, & le défendront bien mieux que les glaives. Son nom ne ſera plus prononcé qu'avec un reſpect religieux, & les larmes de la joie publique qui couleront autour du trône du bon Roi, en excitant dans ſon ame l'émotion la plus délicieuſe, le dédommageront du malheur de régner.

L'on verra les abus corrigés, la bienſéance des mœurs publiques con

ſervée, les maximes du faux honneur
flétries, la licence & le luxe répri-
més, les efforts de l'impiété vengés
par la majeſté du culte, l'autorité
reſpectée dans les écrits qui peignent
les mœurs & qui les font ; les Arts
ſeront en honneur, les talents récom-
penſés & les ſciences cultivées : on
ſuivra pas à pas la nature, on puiſera
dans les ſources de goût, on fera
d'heureuſes découvertes pour l'humanité ; les Cités brilleront d'une nouvelle ſplendeur ; l'Agriculture, le
premier des Arts, ſans lequel nous
en ſerions encore réduits à diſputer
nos aliments aux bêtes féroces, ſera
en vigueur ; & les Cultivateurs, cette
claſſe d'hommes ſi pauvres, ſi mépri-
ſés, & ſi utiles, qui de leurs ſueurs,
pour ainſi dire, pêtriſſent le pain
que nous mangeons, ne mourront
point de faim dans leurs chaumieres,
tandis que l'on regorge de ſuperfluités

dans les Villes ; mais de ces moiſſons échappées aux intempéries du Ciel & à la cruelle avidité, ils ſe nourriront eux & leurs enfants, dont ils formeront ou des ſoldats, ou des laboureurs pour les campagnes qui manquent preſque toujours de bras.

Ainſi, que de biens viennent aux hommes par le canal d'un ſeul homme & par le miniſtere d'un Prince formé à l'école de la Religion ! Mais quel contraſte avec ces fiers deſpotes aſſis ſur des trônes dreſſés par la ſuperſtition, que la défiance couvre de ſon ombre, & dont elle n'enſanglante que trop ſouvent les marches : idoles couronnées, ſans ame, ſans courage & ſans vertu, elles n'ont d'activité que pour abſorber ce que les autres produiſent, pour dévorer le germe des talents, dégrader & affliger l'humanité, élevées ſur le trône comme ſur un Autel, pour y ſavourer la

fumée de l'encens, elles n'en defcen-
dent que pour frapper, détruire,
écrafer & nager dans le fang.

Après un tel contrafte, nos adverfaires nous objecteront - ils que le
Chriftianifme n'eft propre qu'à flatter
les Souverains, à leur endurcir le
cœur, à faire des tyrans, & qu'il
tend au defpotifme & à la fervitude ?
Comme fi le fait ne parloit pas plus
haut que tous les vains raifonnements
des faux Politiques ; & en effet y a-t-il
dans le monde de Gouvernement plus
doux, plus modéré & plus heureux
que celui des Etats Chrétiens ? C'eft
là que le genre humain jouit de fon
état civil & naturel, & d'une félicité
véritablement faite pour lui ; c'eft là
que l'on trouve des Rois, qui n'affec-
tent pas la divinité, & que l'on peut
aimer fans les adorer & les craindre,
comme des Dieux ; c'eft là que les
Chefs font fûrs d'être obéis, parce

qu'ils obéissent eux-mêmes aux Loix; & que les trônes sont inébranlables, parce qu'ils portent sur les plus solides fondements, qui sont l'humanité & la justice.

Repoussons toute la honte de cette accusation injuste sur le front de la Philosophie, & disons hardiment que c'est elle plutôt qui, en divisant tous les intérêts, semble avertir les Puissances qu'il est temps de s'affermir & d'appuyer le sceptre : que c'est elle qui appelle à grands cris le despotisme ; que c'est elle qui apprend à porter les chaînes. Les siecles où l'on raisonna le plus, furent des siecles d'esclavage ; le Lycée & le Portique n'étoient que des écoles de servitudes, d'où sortirent ces lâches déclamateurs qui eurent la bassesse & l'impudence de donner à des tyrans & à des monstres, le titre de *percs de la patrie*. En un mot, que l'on me compose une

société

fociété de Philofophes, & à coup fûr nous aurons un vil ramas d'efclaves.

En fecond lieu, prétend-on qu'une fociété de parfaits Chrétiens ne fauroit fubfifter, & qu'elle manqueroit de liaifon ?

« Mais fi chacun dans cette fociété
>> rempliffoit fon devoir, fi le peuple
>> étoit foumis aux Loix, fi les Chefs
>> étoient juftes & modérés, les Ma-
>> giftrats integres & incorruptibles;
>> fi les foldats méprifoient la mort,
>> s'il n'y avoit ni vanité, ni luxe »,
comme on le dit : en un mot, s'il y avoit tout ce qu'il faut pour rendre une fociété ferme & floriffante, pourquoi ne fubfifteroit-elle pas ? Sa liaifon feroit la charité.

En ajoutant encore que le Chriftianifme eft la *Religion du Prêtre*, que prétendent nos adverfaires ? S'ils veulent dire qu'il n'y a que des Prêtres dans cette Religion, il feroit auffi vrai d'avancer qu'il n'y a que des Rois ; *regale sacerdotium.*

S'ils prétendent que cette Religion est de l'invention des Prêtres, ils se trompent ; elle n'est pas plus de l'invention des Prêtres que de celle des Législateurs & des Politiques, qui n'ont pu la recevoir dans l'État, sans en reconnoître l'utilité, laquelle en démontre si bien la vérité.

S'ils prétendent que cette Religion ne soit bonne que dans un Gouvernement théocratique, où l'État seroit l'Eglise, & où le Prince seroit le Pontife ; ou l'intérêt du Prince & celui du Prêtre ne seroit qu'un ;

S'ils prétendent que les devoirs de Prêtres sont en contradiction avec les devoirs de Citoyens, que la Religion absorbe la Police, que les Prêtres ne la regardent cette Religion que comme leur propriété & leur domaine ; que le Sacerdoce lutte sans cesse

contre l'Empire, & lui dispute la pri-
mauté ; que le Prêtre n'est revêtu
d'une puissance spirituelle que pour
inquiéter la puissance temporelle, pour
dominer sur les Rois, pour ôter &
donner à son gré les Couronnes, &
que le trône ne soit-pour ainsi dire,
que le marche-pied de l'Autel : ils
sont encore dans l'erreur , puisque
l'esprit du Christianisme interdit toute
domination à ses Ministres ; que la
puissance spirituelle n'est faite que
pour maintenir la temporelle ; que
l'une n'a pour objet que les intérêts
du Ciel , l'autre les intérêts de la Terre,
& que toutes les deux ne tendent
qu'à rendre l'homme parfaitement
heureux.

Au reste, qu'importe comment on
la qualifie cette Religion ! Elle n'en
est pas moins celle qui, descendue du
Ciel, a un Dieu pour Auteur : celle
qui a été prédite par les Prophètes ,

apperçue des Patriarches , figurée par les Types de l'ancienne Loi , préparée par l'extinction de tant de Peuples, par la décadence & la chûte des anciens Empires, & annoncée par quarante siecles descendus dans la nuit éternelle, qui ne furent que comme l'aurore du grand jour où elle naquit.

Elle n'en est pas moins celle qui, établie par douze hommes sans puis-fance , sans crédit, sans richesses , sans illustration, brisa les Idoles, renversa les autels du Paganisme en triomphant de la force par la foiblesse, & de la fagesse du monde par la folie de la Croix ; en humiliant tout orgueil, en renversant tout ce qui s'opposoit à l'œuvre de Dieu , & en multipliant les Martyrs & les miracles.

Enfin, elle n'en est pas moins celle qui, depuis dix-huit siecles , visible dans toute la terre, & sous la direc-tion du Pontife Romain , se soutient au milieu de l'agitation des choses humaines, de l'impétuosité des tourbillons, de la révolution des âges, & qui lutte avec une force incroyable & toujours victorieuse contre les erreurs & les passions.

Telle est, ô Politiques! la Religion que par mépris vous qualifiez de *Religion du Prêtre*, & contre laquelle vous vous élevez avec tant de chaleur & d'amertume. Or, comment concilier la droiture dont vous vous faites gloire, avec ces déclamations? Est-ce ignorance? est-ce mauvaise foi? Je me trompe, c'est l'une & l'autre.

Mais un des plus étranges paradoxes qu'ait avancé la fausse politique, c'est de prétendre que la Religion est nuisible aux véritables progrès de la société & à la grandeur des Empires, sous prétexte qu'elle proscrit l'ambition & le luxe; tandis que c'est la Religion qui porte les Empires au plus haut degré de grandeur & de gloire dont ils foient fufceptibles. Par elle, on fe maintient avec douceur, on gouverne avec prudence, on négocie avec fuccès, on prend des réfolutions vigoureufes & on combat avec courage. On regne au-dedans par l'amour, & au-dehors par fes confeils & par la confiance.

La Religion profcrit l'ambition ; mais l'ambition n'eft-elle pas cette paffion qui ofe tout, qui bouleverfe tout, qui donne les plus terribles fecouffes aux Empires ? Parcourez les annales du genre humain & voyez la guerre allumée dans prefque tous les coins du globe, les légions foudroyées, les Peuples armés contre les Peuples, les Villes réduites en cendres, & les Empires écroulés les uns fur les autres & écrafés fous leurs énormes maffes : tels furent les funeftes effets de l'ambition.

Ces brigands qui prétextoient la
vengeance de César, mais à qui l'ambition & la rapine mirent les armes
à la main : sur-tout Octave & Antoine,
ces deux scélérats sans pudeur, sans
loi, sans probité, qui s'étoient battus
pour savoir lequel des deux resteroit
maître de Rome ; qui se détestoient,
& se soupçonnant mutuellement d'ê-
tre des assassins, se fouillerent avant
de commencer les conférences où
se fit cette abominable association,
sous le nom de Triumvirat, dans
l'Isle de Reno ; se fussent-ils vendus
lâchement le sang de leurs parents,
de leurs amis, de leurs bienfaicteurs ;
& eussent-ils ravagé la terre depuis
l'Euphrate jusqu'au fond de l'Espagne ;
en un mot, se fussent-ils souillés de
tant d'atrocités, si la Religion eût parlé
à leur cœur & s'ils eussent connus
les principes de la charité chrétienne ?

Pour ce qui est du luxe, je con-

viens encore que la Religion l'ana-
thématise ; mais combien le luxe n'est-
il pas funeste à la société ?

Quel est l'agent qui met en jeu
tous les ressorts de la cupidité ? qui
est-ce qui irrite nos desirs & multiplie
nos besoins, au point de leur donner
presqu'autant d'étendue que peut en
avoir la totalité des biens apparents,
si ce n'est le luxe ? Qui est-ce qui
pervertit l'usage des choses , qui
tire toute la considération du côté des
richesses , qui trouble l'ordre social,
confond tous les états , range presque sur la même ligne avec les enfants
des Rois , le Publicain & le Traitant ,
accoutumés à éclipser tout par l'éclat
de la dépense ? Enfin, qui est-ce qui
porte le déshonneur au sein des familles , en mêlant le plus pur sang
de la haute noblesse avec le limon de
la roture , & soudant avec un vil
métal ces alliances si disproportionnées
dont

dont nos peres euffent rougi ? C'eft le luxe.

C'eft lui encore, qui, multipliant la confommation fur le même fol où il diminue le nombre des confommateurs, & qui, rempliffant les villes d'Artiftes, tandis qu'il fait déferter les campagnes, porte à l'agriculture & à la population des coups plus funeftes encore que les guerres, les émigrations, & même que le célibat, objet des déclamations éternelles de nos Philofophes ; mais qui, dans le Chriftianifme, eft fi fouvent le réfultat d'une haute vertu.

Enfin, c'eft le luxe qui jette des ombres fur les Empires les plus floriffants, qui en relâche les nerfs, qui en affaiffe les refforts, en épuife toute la vigueur, en ébranle les fondements, & leur donne ce mouvement de gravitation qui les incline vers leur décadence & en précipite la ruine.

La pauvre Sparte que le pas des Termopiles avoit rendu si célebre, après une existence de six cents ans, ne périt que parce qu'au mépris des loix de Lycurgue, elle préféra l'éclat de l'or à l'utilité du fer.

C'est le luxe qui vengea sur l'ancienne Rome l'univers dévasté, & peut-être que sans ce luxe effréné, malgré l'ambition des Grands, malgré ses divisions intestines, & malgré la vétusté de ses ressorts, debout dans ses antiques murs, cette Métropole du monde subsisteroit encore avec son Consistoire de Rois.

Concluons donc, en faveur de la Religion Chrétienne, & que nos adversaires eux-mêmes soient forcés de convenir, qu'au lieu de nuire à la société & à la gloire des Empires, en proscrivant l'ambition & le luxe, elle pourvoit plutôt à leur solide grandeur & à leur éternelle durée.

Ce ne sera pas avec plus de succès que les Coriphées de la Philosophie, Ecrivains hardis, qui entassent paradoxes sur paradoxes, & qui abusent de l'éloquence, voulant persuader que la Religion rapetisse l'esprit, resserre le génie, lui donne des entraves, avilit les facultés de l'ame, & ne sauroit former que des citoyens peu affectionnés à la patrie, des citoyens inutiles & des soldats pusillanimes.

Mais nous savons que c'est au contraire la Religion qui ennoblit le cœur, qui éleve l'ame, qui la rend capable des plus sublimes efforts : témoins les Constantin, les Charlemagne, les Louis IX, grands sur le trône, grands dans les combats, plus grands encore aux pieds des autels.

Nous savons aussi que c'est elle qui étend, pour ainsi dire, les facultés intellectuelles, & femble agrandir la fphere de l'efprit humain.

Quels efprits plus ornés, plus fublimes, plus vaftes que les Docteurs de l'Églife & les SS. Peres qui étonnerent l'univers par une érudition immenfe! ces vives lumieres qui diffiperent les ténebres du Paganifme, qui ont éclairé les fiecles précédents, & dont l'éclat rejaillit encore jufques fur le nôtre; ces beaux génies dont les ouvrages prefque divins follicitent encore notre refpect & notre admiration pour leurs immortels auteurs! Mais non, décidons plutôt que ces Princes fi juftement exaltés dans nos Annales, ne furent que des ames d'une grandeur équivoque, incapables de vues neuves & relevées, des ames même pufillanimes; & il le faut bien: c'eft la Religion qui les forma.

Décidons auffi que ces oracles de l'Églife enfeignante, un Tertullien, un

Arnobe, un Lactance, un Justin l'Apo-
logiste, un Chrysostôme, un Ambroise,
un Jérôme, un Augustin, un Thomas,
un Bossuet, ne furent que des esprits
foibles & des génies subalternes ; & il
le faut bien, puisque la Religion les
avoue pour ses prosélytes & pour ses
défenseurs ; mais nos Philosophes, ces
Sages du dix-huitieme siecle, qui se glo-
rifient d'être les apôtres de la raison,
parce qu'ils ont pu rompre les chaînes
de leur Baptême, se donneront pour
les seuls êtres pensants, pour les seuls
spéculateurs profonds, pour les seuls
génies ? Et parce que presqu'à chaque
page de leurs libelles ils se sont écriés,
avec cet enthousiasme qui les caracté-
rise ; ô humanité ! ô bienfaisance ! ô
patrie ! ne se regarderont-ils pas comme
les seuls hommes importants dans la
République, les seuls bons Politiques,
les seuls Citoyens affectionnés à la
patrie, les seuls vraiment utiles ; tan-

dis que les fideles croyants, les ames juftes & les ferviteurs de Dieu ne feront que des Citoyens peu affectionnés à la patrie & inutiles à la fociété.

Citoyens inutiles & peu affectionnés à la Patrie; pourquoi ? Parce qu'ils ne connoiffent ni les intrigues, ni les cabales, ni la haine, ni les rivalités ; parce qu'ils tiennent encore à la probité, à la juftice & à la fimplicité des mœurs antiques.

Citoyens inutiles & peu affectionnés ; pourquoi? Parce que, livrés à la conduite d'une Providence invifible, & fubordonnés à la volonté du fouverain Modérateur, qui, infiniment bon & fage, dirige tout à une bonne fin & tend toujours au plus grand bien des individus, comme du tout, ils banniffent toute inquiétude de leur cœur, fans être indifférents pour les bons ou les mauvais fuccès, fans que la Patrie en foit moins l'objet de leurs affections, de leurs prieres, de leurs vœux & de leurs travaux ; sans en être moins bons peres, bons époux, bons freres, amis généreux & fideles sujets.

Citoyens inutiles & peu affectionnés ; pourquoi ? Parce que tous leurs mouvements étant réglés sur les saintes Loix, ils craignent de s'enorgueillir de la prospérité publique, & ne se laissent point abattre dans l'adversité ; parce qu'ils ne s'abandonnent point à des transports que l'empire de la raison sur les sens doit toujours réprimer, & qu'ils ne se permettent point de murmures aussi inutiles, qu'injurieux à la Divinité ; parce qu'ils ne s'attachent point à ce monde comme étant leur fin derniere ; parce qu'ils ne fixent pas tellement les yeux sur cette terre qui les a vu naître, qu'ils perdent de vue la véritable Patrie, la Patrie permanente & éternelle, à laquelle ils tendent avec toute l'ardeur de leurs desirs.

Enfin, Citoyens inutiles & peu affectionnés; pourquoi? Parce que, ne pré-
férant pas les Hommes à Dieu, la Terre
au Ciel, l'Etre fuprême à l'État, ils
ne s'expofent pas à tout perdre pour
entrer dans les vues fingulieres des
faux fages & pour mériter les applau-
diffements de quelques mauvais Politiques.

Cependant, ce font ces hommes foi-
difants *Citoyens inutiles* qui, dans les
calamités publiques, préfentent des
reffources prefque toujours efficaces;
ce font eux qui, dans les fecrets juge-
ments que le Seigneur exerce fur fon
peuple, favent le rendre propice; qui,
dans des temps de féchereffe & de
ftérilité, ouvrent le Ciel par la force
de leurs gémiffements & de leurs prieres, en font defcendre la pluie bien-
faifante, diffipent les orages, arrêtent
les fléaux & éteignent la foudre.

Ce font ces Citoyens foi-difants *inu-*
tiles;

tiles, qui, décidant bien plus du deftin des États que ceux qui font à la tête des affaires, qui par leurs vœux déterminent la victoire, &, comme Moïfe, avec leurs bras élevés vers le Ciel, enfoncent bien plus de bataillons que les bras des combattants, & que tous les foudres de guerre.

Ne les confidérez pas feulement entre le veftibule & l'Autel, dans leur oratoire & aux pieds du Crucifix ; qu'on les arme pour une jufte défenfe, qu'on les mette aux prifes avec l'ennemi, & qu'on les mene fur le champ de bataille. Là, ils ne joueront pas un rôle moins intéreffant. Quels hommes & quels foldats que ceux qui, animés par les motifs de la Religion, pénétrés intimement de la préfence de l'Etre fuprême fous la main de qui ils agiffent, & ayant toujours devant les yeux la fainte image de la patrie & de l'humanité, fervent

G

César comme ils servent Dieu. Ils se feront percer de mille coups avant que l'usurpateur approche du trône ; & tandis que le son des instruments belliqueux leur dit à chacun, *souviens-toi que tu es mortel*, la Religion, à travers des feux qui frappent leurs yeux, leur découvre des flammes éternelles pour les lâches, & fait briller une couronne de gloire pour ceux qui auront fait leur devoir. Alors le soldat est inébranlable, c'est un mur d'airain : pour lui il n'y a plus de péril, & des bataillons hérissés d'acier ne sont plus à ses yeux qu'une foible barriere. On aime à mourir, & il est doux de verser son sang pour la patrie quand on est assuré d'être couronné au dernier soupir, d'enlever la palme, & de passer du temps à l'éternité en se couvrant d'une gloire immortelle.

On convient que les soldats chrétiens sauront mourir, mais on veut qu'ils ignorent l'art de vaincre.

Eh quoi! la crainte de Dieu eft-elle
donc un titre exclufif à la victoire?
la piété eft-elle incompatible avec la
connoiffance de l'Art Militaire? Ne
peut-on adorer l'Etre fuprême & être
foumis à fes loix, fans s'expofer à
devenir la proie de l'ufurpateur, fans
fe laiffer égorger impunément? Et les
juftes n'ont-ils donc ni force, ni courage, ni bras? Dès qu'ils fe fignale-
ront par des prodiges de valeur, dès
qu'ils préféreront mille morts à une
fuite honteufe, dès qu'ils feront tout
ce qu'il faut pour vaincre, pourquoi
la victoire fe refuferoit-elle à leurs
efforts?

Concluons donc que, s'ils favent
mourir, ils ne fauront pas moins vaincre; & des foldats qui ne fauroient ni
mourir ni vaincre, ce feroient des foldats
raifonneurs & philofophes: l'Orateur
d'Athênes, qui armoit la Grece contre

le Roi de Macédoine, qui, à grands cris, appelloit ses concitoyens au combat, & qui lançoit des foudres, ne se montra intrépide que dans la Tribune; & les armes à la main; à la bataille de Chéronée, il agit en Philosophe.

Enfin, les faux Politiques soutiendront-ils que les motifs humains sont plus réprimants que des motifs religieux, & qu'adroitement maniés par un Législateur habile, ils produiroient le même bien que l'on prétend attribuer au Christianisme ?

Mais dans quelque hypothèse que se jettent l'amour du paradoxe & l'enthousiasme de la fausse politique, les motifs humains seront toujours trouvés insuffisants.

En effet, des motifs dont l'action s'étend ou se rétrecit, selon qu'ils touchent plus ou moins l'intérêt personnel; des motifs qui n'ont de consistance & de vie que dans les regards

publics , & qui par conséquent ne
sauroient être ni de tous les temps, ni
de tous les lieux ; des motifs qui abandonnent l'homme à toute sa foiblesse ;
dont plusieurs ne portent que sur le faux,
& n'ont de prise que sur quelques
imaginations ardentes ; enfin , des motifs qui, tristes fruits de l'amour-pro-
pre , tombent avec leur fragile appui ;
ne manifestent-ils pas toute l'impuis-
sance de la loi, pour maintenir l'ordre,
la paix & l'harmonie dans le corps
social ?

De plus, l'œil de la loi ne perce
point dans le secret des ténebres ; les
replis du cœur échappent toujours à
sa vigilance, & la main qui reste en-
chaînée sous les regards publics, saura
bien s'en dédommager. La crainte est
au peuple ce que la force est au ressort qu'elle tient assujetti : cesse-t-elle
un moment à le contenir , le ressort
part , & renverse tout ce qu'il ren-

contre. Mais que fera-ce ? fi le Gouvernement civil vient à fe corrompre,
fi le Chef a des intérêts féparés de
ceux de fes membres, fi l'amour de
la patrie s'éteint dans tous les cœurs,
fi l'on devient tout à la fois injufte,
foible, & méchant ; alors tout fera
perdu : la loi fera muette : inutile-
ment feroit-elle gronder fon tonnerre
qui n'exciteroit qu'un vain bruit : on
ne punira point parce qu'il y auroit
trop de coupables. Quel ciment pourra,
dans cette fituation critique, empêcher
la diffolution d'un corps dont toute
la vigueur fera épuifée, & qui, par
l'affoibliffement & la corruption de
fes parties, tend à un entier dépérif-
fement.

Il n'appartient donc qu'à la Religion de remuer efficacement les deux
grands refforts des Etats, qui font
l'efpérance & la crainte, avec lefquels
on mene les hommes à tout, quand elles

ont pour objet la vie future. La Religion apprécie les actions vertueuses, distingue les apparences de la réalité, offre des récompenses que la société toute seule ne sauroit donner : elle seule inflige des peines éternelles, & oppose la promesse des biens à venir, à la dépravation du cœur humain & à la fougue des passions.

Ajoutez que les motifs religieux, étroitement liés à l'ordre immuable, exercent continuellement leur action, tiennent tous les Citoyens en haleine dans la carriere de l'honneur, & les poussent vigoureusement vers le bien public ; tandis que les grandes passions qui ne sont propres qu'à exciter des orages & des tempêtes, le plus souvent ne réussiront qu'à ébranler les trônes & à perdre la patrie.

Maintenant, s'il falloit décider entre la Religion & la Philosophie ; s'il falloit trouver des coupables envers la société : je voudrois non seulement que l'on comparât les mœurs pures, saintes, irréprochables des parfaits Chrétiens, avec les mœurs pour le moins équivoques des Philosophes ; mais je demanderois encore que d'un côté l'on plaçât le Volume sacré de l'Evangile, & de l'autre cette foule de Libelles émanés seulement depuis dix ans de tant de plumes licentieuses ; j'exigerois que l'on ne prononçât qu'après avoir rapproché la Morale de Jésus-Christ de ce corps monstrueux de Doctrine que renferment ces pernicieux Ecrits, & qui fera douter à la postérité si elle ne doit pas le jour à une race sans vertu, sans mœurs, sans patrie, sans Religion & sans Dieu.

Quelle vertu ! si l'ame n'est qu'un souffle, l'esprit une disposition d'organes, la pensée qu'une combinaison de la matiere subtile, toute opération intellectuelle l'effet de la nature des fluides

&

& de la circulation du fang, fi les erreurs font néceffaires, fi tout acte de la volonté eft forcé par le fatalifme.

Quelles mœurs! quand tous les liens de la fociété font détendus, quand toute idée de vertu eft effacée, quand toute notion du bien & du mal moral, du jufte & de l'injufte eft confondue, anéantie; quand les devoirs les plus facrés font mis au rang des bienféances, traités de préjugés, tournés en dérifion.

Quelle Patrie! quand on s'échauffe fur la dépendance de Céfar, qu'on met en problême le droit de commander, & que toute autorité eft fapée par le faux fyftême du contrat focial; quand l'*égoïfme* a corrompu & avili tous les cœurs; quand tous les rapports des Citoyens font détruits, quand chaque individu veut faire centre, ou quand le phantôme de *Cofmopolifme*, à force de montrer au loin la Patrie &

H

de lui donner de l'étendue, fait qu'elle n'existe plus nulle part.

Quelle Religion ! quand Jesus-Christ, le maître de la vérité, est traité d'imposteur & d'ambitieux politique ; quand son Eglise est travestie en Vierge folle ; quand on rejette tout culte & que l'on méconnoît toute révélation.

Quel Dieu, ou plutôt quel monstre de Divinité que celle qui, le bandeau sur les yeux, sans sagesse, comme sans Providence, trouve toujours que tout va bien, qui ne met point de prix aux vertus, & sommeille sur le trône de la mollesse, lorsqu'il faudroit lancer la foudre.

Voilà donc, ô prétendus Philosophes ! ce qu'ont produit dans ce siecle les lumieres que vous nous vantez tant ! Et que font-elles ces lumieres dont la foi n'est point le foyer ? que de fausses lueurs, que de brillants phosphores qui trompent, qui égarent, qui menent au plus affreux précipice ? Que font-elles ces lumieres , que des inftru-ments dangereux entre vos mains , que des torches ardentes capables de por-ter par-tout l'incendie & de tout con-fumer ? Que font-elles , par rapport à vous , hommes fuperbes ! qu'un avan-tage funefte , qui vous eft commun avec fatan , le plus orgueilleux & le plus malfaifant des êtres ?

D'ailleurs, fi ce font là les monu-ments de votre zele pour l'humanité; n'eft-ce pas l'ufurpation la plus criante que de s'arroger les titres d'*amis des hommes*, de *protecteurs de la fociété*, de *bienfaicteurs du genre humain?* N'en êtes-vous pas au contraire les fléaux les plus redoutables ? Détruire tout, & n'édifier rien, c'eft votre talent... malheureux talent qui n'eft que pour le mal. . . talent des Eroftrate.).

Je viens à vous, Lecteurs chrétiens, zélateurs du culte antique, ames faintes,

qui avez droit d'attendre d'un Apolo-
giste de votre Religion, des paroles
d'onction & de salut: sachez donc ce
que cette Religion est pour vous, &
ce que vous devez être pour elle.

Lorsque vous promenez vos regards
sur les rives de la Seine & sur ces
belles contrées que nous habitons,
avez-vous jamais réfléchi qu'elles furent, il y a seize siecles, le théâtre
de la superstition & le centre de l'erreur, & que les anciens Gaulois, nos
peres, ensevelis dans les ténebres de
l'idolâtrie, y dormoient à l'ombre de la
mort.

Teutatès avoit des Temples &
des Autels, là où nous adorons le
Dieu véritable ; des Prêtres impos-
teurs distilloient le poison du mensonge, là où nous rompons le pain de
la parole sainte ; & le cruel Druïde,
enfoncé dans la profondeur des bois,
où il célebroit ses mysteres horribles,

Immoloit à ses Divinités sanguinaires des victimes humaines, là où nous immolons l'agneau sans tache, & où coule le sang de l'alliance pour le bonheur de l'humanité.

Telle fut autrefois la Religion des Gaules, & telle est celle de la France, depuis que, vainqueur par miracle, Clovis reconnut le pouvoir du Dieu des Chrétiens, & se purifia dans les eaux du Baptême.

Alors la Religion de Jesus-Christ sortant des ténebres où elle étoit enveloppée, monta sur le trône, & s'assit à côté de son auguste prosélyte : ensuite elle marcha avec le conquérant & suivit ses drapeaux ; portée avec son héros sur les aîles de la victoire, elle s'étendit jusqu'aux Pyrénées, dans toute la nouvelle Monarchie des Francs qui se formoit alors, & qui, depuis, subsiste avec elle... & peut-être par elle....

Voilà donc, ô Français ! votre plus ancien comme votre plus bel appanage ! la Religion.

Verrons-nous encore d'un œil tranquille les perfides complots que l'on trame contr'elle ? L'impiété fait tous les jours les plus étonnants progrès ; rivale audacieuse, la Philosophie, d'une main sacrilege, tente de renverser son trône & d'usurper son Empire ; la foule des conjurés qui ont conçu contr'elle une haine implacable, lui portent les coups les plus terribles... & vous serez insensibles... & votre cœur restera dans la plus criminelle indifférence... Indifférence, toutefois que vous n'avez que pour elle !

Si je vous disois en ce moment, ô mes Concitoyens ! voici l'ennemi... Il s'avance à grands pas.... Déjà il a franchi vos frontieres, il est sous vos murs & à vos portes : la patrie est exposée, votre Roi est en péril... Ah ! je vois voler aux armes un peuple de héros.

Eh bien ! voici l'ennemi... & l'ennemi de votre Religion. Il n'eſt pas aux frontieres, il n'eſt pas ſous vos murs ; il eſt au milieu de nous, il aſſiege nos Temples, il menace nos Autels.... L'Arche Sainte eſt ſur le point de tomber entre les mains des profanateurs & des impies : voilà le péril... & voici votre devoir...

Ce que vous euſſiez fait d'abord pour le Prince & pour la patrie, comme Français ; faites-le maintenant pour votre Religion, comme Chrétiens.

Où m'emporte l'ardeur du zele ? Arrêtez.... douce, paiſible, bienfaiſante, votre Religion abhorre le ſang. La priere, le jeûne, l'aumône, l'oraiſon, la vigilance, la pratique des vertus, voilà les armes de la Milice ſainte.

Mais quel uſage en faiſons - nous de ces armes puiſſantes ? Ne ſemblet-il pas même que nous soyons d'intelligence avec ses ennemis ? J'en atteste les mœurs de la génération : tant d'aversion pour la Croix, tant d'amour pour les superfluités ; cette légéreté si incompatible avec le sérieux de la Foi, le goût de la frivolité devenu le goût dominant de la nation, cette avidité de lectures profanes, cette fureur des spectacles ; ces doutes volontaires qui ébranlent les fondements de la croyance, ces regards téméraires portés jusques sur le sanctuaire de la Divinité ; cet esprit de système qui gagne, l'abus de la critique, la dérision des choses saintes si commune parmi nous ; cette avidité à saisir tout ce qui réveille & justifie la force des passions, l'attrait des penchants devenu la loi capitale, la dépravation presque générale, la couronne de la pudeur flétrie, & les délires de l'imagination corrompue substitués

titués à ces sublimes écrits où se
peignent l'humanité & la vertu.

Qu'ajouterai-je ? **P**réceptes évangéliques violés sans remords, conseils
évangéliques renvoyés comme des
maximes surannées à l'antique simpli-
cité de nos bons aïeux, la Foi alté-
rée, la terreur des menaces affoi-
blie, & l'espérance des biens invisi-
bles presque anéantie. Encore un degré
de corruption... Encore un pas vers
la Philosophie... & nous ne sommes
plus Chrétiens.

O France ! ô ma Patrie ! portion la
plus florissante de l'Eglise, n'aurois-tu
donc résisté, pendant le cours de tant
de siecles, au schisme, à l'hérésie, &
au fanatisme armés de flammes & de
poignards, que pour périr, dans ces
derniers temps, par le poison de l'in-
crédulité ?

Mais non : du haut des Cieux le
Seigneur veille au salut de cette Mo-

narchie ; il aura pitié de sa Nation chérie, & notre héritage ne nous sera point enlevé. S'il verse sur nous la coupe de sa fureur, du moins il nous épargnera ce dernier trait de vengeance.

Et déjà tout semble ranimer nos espérances ; une Héroïne chrétienne, la gloire de la Religion & du Carmel, a démenti les vaines spéculations d'une fausse sagesse, & annonce hautement par son exemple qu'il reste encore de la foi sur la terre & des vertus à la Cour ;

Je parle de cette auguste & pieuse LOUISE, qui, semblable à Marie, plus grande & plus sage dans son choix que Marthe, a pris la meilleure part. *Maria optimam partem elegit.*

Qu'une aussi éclatante victoire remportée par la Religion sur le monde, est pour elle un heureux pronostic contre l'impiété !

En vain donc les héros de la Philosophie se sont-ils vantés d'avoir fait pâlir le *triste* flambeau de la Foi devant les lumieres d'un siecle éclairé ; d'avoir arraché *le bandeau de l'erreur* aux nations, d'avoir brisé ce qu'ils appellent *le prisme enchanteur* & *le talisman de la superstition*, d'avoir confondu ce qu'il leur plaît de qualifier *d'impostures sacerdotales* ; enfin, d'avoir creusé *le tombeau du Christianisme* : les insensés ! qu'attendent-ils de leurs efforts audacieux ?

Celle qui a triomphé non seulement des complots de la synagogue & des intrigues des Prêtres, mais encore de la fureur de la Gentilité & de toute la Puissance Romaine ;

Celle qui a triomphé non seulement de la profonde corruption des Néron, des Tibere, des Domitien, des Commode, des Héliogabale, des Maxime, des Galérus, des Maximin, tous

ces monftres couronnés qui déshono-
rerent le trône & l'humanité ; mais
encore de la fauffe vertu des Titus,
des Antonin, des Trajan, des Marc-
Aurele ;

Celle qui a triomphé des Edits fan-
glants & de la perfécution affreufe
des tyrans , comme de la politique
méchante de l'Apoftat Julien , qui em-
ployoit les vexations colorées , les
feintes careffes & la dérifion de l'Evangile , pour affouvir la haine perfon-
nelle qu'il portoit à Jefus-Chrift , &
pour abolir le Chriftianifme ;

Celle qui a triomphé non feulement de l'aveugle cruauté de ces
Empereurs païens , mais encore du
zele inconfidéré & fanatique des Empereurs & des Rois Chrétiens , héré-
tiques , fauteurs de l'héréfie , fouvent
auffi cruels que les premiers , & toujours plus opiniâtres ;

Celle qui a triomphé avec éclat de

l'ancienne Philofophie & de fes plus redoutables fectateurs , tels que les Crefcen , les Celfe , les Porphyre , les Hermogene , ces Dialecticiens fi fubtils , ces Patriarches de l'impiété ;

Enfin , celle qui a triomphé pleinement de tous fes ennemis , dans tous les fiecles & dans tous les genres de combats...

Avec quelle facilité ne devons-nous pas efpérer qu'elle triomphera de ces hommes nouveaux qui blafphêment ce qu'ils ignorent , & de cette Philofophie qui fait notre affliction !

F I N.

APPROBATION.

J'ai lu, par ordre de Monseigneur le Chancelier, un Manuscrit qui a pour titre : *Discours Apologétique de la Religion, contre les faux Politiques du siecle* ; je n'y ai rien trouvé qui puisse en empêcher l'impression. A Paris, le 18 Janvier 1773. RIBALLIER.

PERMISSION.

LOUIS, par la grace de Dieu, Roi de France et de Navarre : A nos amés & féaux Conseillers, les Gens tenant nos Cours de Parlement, Maîtres des Requêtes ordinaires de notre Hôtel, Grand-Conseil, Prévôt de Paris, Baillifs, Sénéchaux, leurs Lieutenants-Civils, & autres nos Justiciers qu'il appartiendra ; SALUT. Notre amé le Sieur LOUIS JORRY, Fils, Imprimeur-Libraire, Nous a fait exposer qu'il desireroit faire imprimer & donner au Public, un *Discours Apologétique de la Religion*, s'il Nous plaisoit lui accorder nos Lettres de Permission pour ce nécessaires. A CES CAUSES, voulant favorablement traiter l'Exposant, Nous lui avons permis & permettons, par ces Présentes, de faire imprimer ledit Ouvrage autant de fois que bon lui semblera, & de le faire vendre & débiter par tout notre Royaume, pendant le temps de trois années consécutives, à compter du jour de la date des Présentes. Faisons défenses à tous Imprimeurs

Libraires, & autres perſonnes, de quelque qualité &
condition qu'elles ſoient, d'en introduire d'impreſſion
étrangere dans aucun lieu de notre obéiſſance. A la
charge que ces Préſentes ſeront enrégiſtrées tout au
long ſur le Regiſtre de la Communauté des Imprimeurs
& Libraires de Paris, dans trois mois de la date d'icelles;
que l'impreſſion dudit Ouvrage ſera faite dans notre
Royaume, & non ailleurs, en beau papier & beaux
caracteres; que l'Impétrant ſe conformera en tout
aux Réglemens de la Librairie, & notamment à celui
du 10 Avril 1725, à peine de déchéance de la pré-
ſente Permiſſion; qu'avant de l'expoſer en vente, le
Manuſcrit qui aura ſervi de copie à l'impreſſion dudit
Ouvrage, ſera remis dans le même état où l'Approbation y aura été donnée, ès mains de notre très-cher
& féal Chevalier, Chancelier, Garde des Sceaux de
France, le Sieur DE MAUPEOU; qu'il en ſera enſuite
remis deux Exemplaires dans notre Bibliotheque publique, un dans celle de notre Château du Louvre, & un
dans celle dudit Sieur DE MAUPEOU; le tout à peine
de nullité des Préſentes. Du contenu deſquelles vous
mandons & enjoignons de faire jouir ledit Expoſant &
ſes ayants cauſe, pleinement & paiſiblement, ſans ſouf-
frir qu'il leur ſoit fait aucun trouble ou empéchement.
Voulons qu'à la Copie des Préſentes, qui ſera imprimée
tout au long au commencement ou à la fin dudit Ouvrage, foi ſoit ajoutée comme à l'original. Comman-
dons au premier notre Huiſſier ou Sergent ſur ce requis,
de faire pour l'exécution d'icelles tous actes requis &
néceſſaires, ſans demander autre permiſſion, & nonobſ-
tant clameur de haro, Charte Normande & Lettres à

ce contraires. CAR tel eft notre plaifir. DONNÉ à Paris, le dixieme jour du mois de Février, l'an de grace mil fept cent foixante - treize, & de notre regne le cinquante-huitieme. Par le Roi, en fon Confeil.

LE BEGUE.

Regiftré fur le Regiftre XIX de la Chambre Royale & Syndicale des Libraires & Imprimeurs de Paris, N°. 2254, fol. 34, conformément au Réglement de 1723, qui fait défenfes, art. 4, à toutes perfonnes, de quelque qualité & condition qu'elles foient, autres que les Libraires-Imprimeurs, de vendre, débiter, faire afficher aucuns livres pour les vendre en leurs noms, foit qu'ils s'en difent les Auteurs, ou autrement, à la charge de fournir à la fufdite Chambre huit exemplaires prefcrits par l'article 108 du même Réglement. A Paris, ce 13 Février 1773.

C. A. JOMBERT, Pere, Syndic.

De l'Imprimerie de LOUIS JORRY, Fils, rue de la Huchette, près du petit Châtelet.